Manual práctico de como desarrollar la visión extraocular: Paso a Paso desde Zero

Bruna Mascuñano Tusell

© Bruna Mascuñano Tusell, 2025
Editorial: BoD · Books on Demand, Calle de Manzanares, 4, 28005 Madrid,
bod@bod.com.es
Impresión: Libri Plureos GmbH, Friedensallee 273, 22763 Hamburg (Alemania)
ISBN: 978-84-1092-092-7

A todos aquellos que queréis aprender la habilidad y no disponéis de los medios.

Índice general

Parte I

Prólogo:

Buenos días, me llamo Bruna Mascuñano Tusell y este es el fruto de mi pequeña investigación que vengo a compartir con el mundo. Hace ya mucho tiempo que escuché sobre la visión extraocular. Más bien vi, puesto que descubrí esta habilidad mirando videos de "10 niños con poderes reales" y por el estilo. Me encontré uno donde aparecía una niña de unos 9 años que se dedicaba a vendar-se los ojos y leer las tarjetas de presentación de los presentes en una conferencia. Con toda mi inocencia, pues en ese entonces aún era una niña, pregunté a mis padres acerca del tema y ellos me contestaron que seguro era falso, que tal vez la niña llevara algún pinganillo y alguien se lo chivara. El tiempo pasó sin pena ni gloria y el evento pareció quedar olvidado, hasta hace ya 2 años.

Principios del curso escolar y nos llega la información de la presentación de un libro al respecto. Mi familia había hecho un cambio de paradigma serio desde ese entonces, debido sobre todo a la plandemia. Aún así no nos lo creíamos pero igualmente fuimos a la presentación del libro. Salimos maravillados. Desde ese momento, decidí que yo quería poder tener esta habilidad.

Intenté aprender por mi cuenta, busqué por todas partes algún libro que te explicara cómo desarrollar la habilidad pero fue en vano, los libros que supuestamente iban dirigidos a guiarte y a enseñarte no eran más que propaganda de un método u otro. Nadie quería decirte claramente cómo despertar esta habilidad. Tuve la suerte de encontrar el artículo de Jacobo Grinberg donde explicaba lo que se había hecho en su estudio de la visión extraocular en niños. Gracias a su explicación, ese mismo día decidí probarlo con mis hermanas. He de decir que aún así sentía reticencia a creerlo, pero necesitaba la confirmación. Con la ayuda de mis hermanas, hice ejercicios de meditación y me preparé para que me dieran el material. Tenía los ojos tapados con una venda de boxeo negra, algodón y una diadema peluda para asegurarme de no poder hacer trampas. Me dieron el material y simplemente lo vi. Fue impresionante, vi mis manos sujetando el papel entre los dedos, vi el papel, como si fuera todo una imagen en negativo de baja calidad. La experiencia duró pocos segundos, menos de 10, y ya no pude lograr ver nada más.

En ese momento para mi fue suficiente. Era mi tan ansiada confirmación, la demo del videojuego, me habían dejado probar el caramelo y ahora quería más. Pero como todo en la vida, no siempre pasa lo que queremos y a parte de una bastante frustrante experiencia donde no conseguí ver nada con una de las escuelas (y que conste que no estoy culpando a nadie), pasó el tiempo y no desarrollé la habilidad.

Como me gusta meterme en problemas, se me ocurrió que esta habilidad era un buen tema para trabajo de fin de curso de bachillerato. En Cataluña es obligatorio hacer un trabajo de tema libre llamado Trabajo de Búsqueda (traducción literal de "Treball de Recerca"), debe tener una extensión de entre 40 y 50 páginas así que tienes que currártelo, y decidí que este iba a ser mi tema. Con muchas pegas por parte del profesorado, una alta tozudez y una muy mala gestión del tiempo, me metí en un lodazal del que no tenía idea de como salir. Tenía que confirmar mi hipótesis y demostrar que la visión extraocular existía, pero nadie me iba a creer si no desarrollaba la habilidad. Por suerte, entre los ahorros que tenía y el apoyo de mis padres pude pagar las clases con un profesor, con el que desarrollé la habilidad con relativa facilidad. Finalmente pude demostrar su existencia, quedarme con los que se reían de mí y cumplir mi deseo de aprenderla. Eso me salvó el curso.

Hasta aquí todo normal. Ahora viene lo realmente extraño.

Mi instructor de VEO me animó a que les enseñara la habilidad a mis hermanas, a ver si podía hacer que la desarrollaran. Antes de eso, en las primeras sesiones cuando yo aún no podía ver probé de enseñarles y fue fiasco total, no solo no veían nada sino que ni siquiera se acercaban. Yo iba con la creencia firme de que necesitabas hacer la formación de instructor para poder enseñar y ya me había rendido un poco con la experiencia anterior, así que no hice nada.

Un día, estaba lavando los platos cuando apareció mi padre con el antifaz para que lo guardara porque me lo había dejado tirado en el comedor. Vino haciendo el tonto, con el antifaz puesto y haciendo ver que veía. No le hice caso y se quedó mirando raro (con el antifaz) la luz de la cocina. Y va y me suelta que si el antifaz tenía agujeros. Ese antifaz no tenía agujeros, ninguno de los que tengo los tiene. A partir de ese momento me empezó a mosquear, al principio pensé que se estaba riendo de mí, pero como pude ver mientras hablaba con él y le pedía que me describiera esos puntos más me convencía de que no me estaba timando.

Para mi fue un shock ya que tenía entendido que nadie desarrollaba esta habilidad de la nada y menos en un adulto. Decidí probar de nuevo con mis hermanas, la más pequeña a los 5 minutos ya estaba leyendo. La otra que es un par de años más mayor no logró leer pero si llegar a ver los colores.

De nuevo, me encontré delante del vacío y no sabía donde agarrarme. Yo tenía la habilidad, y la había desarrollado conforme a lo que había aprendido de los diferentes métodos cuya característica principal consistía en no ponerse de común acuerdo entre ellos al respeto de su funcionamiento y entrenamiento. Por muy lioso que pareciese al menos tenía un mínimo sentido. Pero ahora, estaba tirando por los suelos lo único en lo que se ponían de acuerdo, hacía falta un mínimo de tiempo, no era tan fácil como ponerse unas gafas y activarlo por arte de magia.

Pude confirmar mis sospechas cuando probé con amigas de mis hermanas y logré que activaran la habilidad todas sin excepción en tan solo pocos minutos. Una niña tardó segundos, literalmente.

Para mi mente flipada, esto fue un gran boom. A día de hoy, he logrado que lo activen cerca de 20 personas, y solo no lo he logrado con una y fue debido a las difíciles condiciones en las que empecé a enseñarle, a mi falta de experiencia y a la poco constante práctica mal hecha que le di, y no a la habilidad en sí.

Con estas pruebas y la experiencia que he reunido, tal vez nadie me vaya a creer, pero, espero que esto sea una ayuda para otra gente que tal vez no pueda invertir quinientos euros en desarrollar la habilidad o simplemente no haya instructores cerca con quien puedan contactar. Desearía que este sea el manual que hubiera encontrado al principio de este viaje, que me hubiera ayudado a verlo más claro. Pero como todo en la vida, siempre es necesario que haya alguien que trace nuevos senderos y que los limpie de hierba. No he recorrido este viaje sola, debo agradecer a todos los que me enseñaron sin excepción, algunas de las ideas y conclusiones a las que llegó en este pequeño manual no son mías propiamente, han sido fruto de otras mentes que me han acompañado a lo largo de este aprendizaje.

Dicho eso, empecemos.

Capítulo 1

¿Qué veo con la visión extraocular?

Cuando estoy usando activamente la habilidad, lo que miro y veo es la realidad igual que si la viera sin antifaz. Esto cabe decirse que es mi caso en particular, hay gente que ve los colores en negativo o en blanco y negro. En un principio yo empecé viendo en blanco y negro y al cabo de unos dias ya pude empezar a ver mejor colores. También hay gente que ve los

360 grados o cosas similares así que no hay una forma clara establecida de como se ve.

Una cosa que puedo dejar clara es la siguiente: la visión la auto percibes igual que si estuvieras viendo de forma normal y no como si lo estuvieras imaginando de forma lúcida. Pongamos por ejemplo, si eres una persona muy imaginativa puede que seas capaz de visualizar una novela de aventuras y ver a los personajes, los espacios y las escenas dentro de tu cabeza. Si te pones a leer una novela fantástica con los ojos tapados será lo mismo que si la leyeras con los ojos destapados, no te «ocupa» la imaginación, puedes seguir viendo lo que pasa. Es como si en verdad tuvieras tres visiones diferentes, la normal, la extraocular y la imaginativa activadas al mismo tiempo.

En mi caso, mi visión se centra alrededor de la nariz y alrededor de la oreja izquierda, habiendo podido en casos de lucidez máxima llegar a ver por lo que sería la parte izquierda del cogote. Al hacerlo, era capaz de ver como la imagen se trasladaba hasta un sitio frontal para poderla percibir mejor, como si delante fuera atrás a la izquierda. Mi campo visual por el momento no es tampoco muy amplio, se parece a si me encontrara mirando a través de una moneda de diez céntimos.

El sitio por el que se ve también depende mucho de la persona, siendo lo más normal acerca de la zona de la nariz. Aunque he oído de gente que ve por la lengua.

En los primeros momentos, cabe decir que la visión suele (aunque no siempre) estar desviada. Para probar si es cierto prueba de señalar objetos lejanos y se podrá comprobar que habrá una desviación del objeto señalado en sí en unos 45 grados aproximadamente. Esto se va corrigiendo solo.

Las distancias y el tamaño también son variables en un principio y uno puede llegar a sentirse desconectado de su propio cuerpo debido a la autopercepción torcida. Es como si fuera necesario calibrar la habilidad. Por ejemplo, yo veía las cosas cuesta abajo y cuando intentaba leer textos la letra se empequeñecía haciéndose frustrante la práctica.

1.1. Sin límites

Seguramente te haya salido a flote la pregunta del millón. ¿Puedo ver a través de más de una cosa? y la respuesta claramente es sí. Esto es una habilidad mental y aunque yo no la he llegado a desarrollar por el momento hasta este punto no quiere decir que no se pueda. He llegado a ver con dos pañuelos uno encima del otro cubriéndome los ojos para no hacer trampas en juegos familiares donde el resto de participantes con uno ya no veían nada. Una vez incluso llegué a ver a través de una mesa. Me he centrado más en enseñar a ver que en los propios límites, pero a sabiendas que la visión puede hacer zoom o alejar la imagen que estamos viendo... Que no tiene límites, vaya.

De la mano de la visión extraocular

podemos encontrar la visión remota, utilizada militarmente para el espionaje de bases enemigas. Básicamente, te dan coordenadas y de alguna extraña forma ves lo que hay ahí. Como si fueras un dron.

También hay niños que mediante la práctica de la visión extraocular y otros medios logran ver a través de ojos ajenos y de animales.

Capítulo 2

Cómo consigo yo que la gente active la visión extraocular de forma rápida?

Buena pregunta. Hay varias teorías al respeto.

Primera teoría: la lattice.

La lattice es la explicación de que es el universo según Jacobo Grinberg. Se encuentra explicada en su libro "La teoría sintérgica" y es, cuanto menos, denso de leer y entender, sobre todo por la abundante cantidad de tecnicismos y teorías de la física cuántica a los que acude constantemente, mezclado con referencias a la neurofisiología. Para que se entienda de una forma clara, la Lattice se entiende como un holograma (información) en forma de red que al confluir con la energia crea la materia. Esta red, viene a ser el universo y todas sus variables. La estructura de esta Lattice es similar a la de los campos neuronales humanos y de alguna forma esto haría que debido a esta similitud pudiéramos comunicarnos con ella de forma que la información se podría transmitir directamente a nuestra mente (como yo entiendo que funciona la visión extraocular). Otra propiedad de la Lattice es que toda la información de todo el universo se encuentra en todos los puntos del universo. La explicación de esto ya es más compleja y para lo que nos incumbe no es necesario saber el motivo exacto, nos basta con saber que de esta forma podemos acceder a información a la que en un principio no podemos.

La segunda teoría sería básicamente una re-interpretación de la teoría de Grinberg con un añadido. Si entendiéramos la visión extraocular como la forma que tenemos de acceder a la información de la lattice, podríamos decir que tengo el camino a la lattice abierto. Este supuesto canal que las personas con habilidades psíquicas tendríamos abierto se podría compartir con otra gente, ayudandoles a abrir su propio camino hasta la lattice. De alguna forma mi camino sería muy ancho y por ello más personas podrían acceder a él y de esta forma activar ellos mismos su propia conexión. Suena un poco absurdo, pero he escuchado que a parte de mi, hay un hombre llamado Noé Esperón, creador de su propio método de visión extraocular, que de alguna forma también consigue que los niños activen mucho más rápido su habilidad cuando está cerca. Es una teoría pretenciosa pero la única que parece cuadrar en este escenario.

Mi propia teoría al respeto es más simple: todo el mundo puede hacerlo, puesto que es una habilidad innata pero tenemos que convencernos de que realmente lo necesitamos. ¿Sabes aquella frase famosa que dice que la intención es lo que cuenta? Pues descubrí que el problema con esta frase es que para que se pudiera aplicar a la visión extraocular y funcionara rápido, lo que realmente debía pasar era que tu subconsciente también quisiera ver.

Esto lo descubrí mientras me peleaba con mi padre con el antifaz puesto y en la tensión del momento mi campo visual se aumentó y pude ver todo más claramente. De allí desarrollé un punto muy importante para mi manual. El problema con los otros métodos, que no estoy diciendo que sean malos o que no funcionen, es que para lograr esta necesidad de ver se tarda mucho tiempo ya que no surge como algo básico inmediato. Lo que yo intento hacer es crear la necesidad de ver poniendo al individuo en situaciones con cierto peligro real en el que sienta al 100 % la necesidad de ver. En otras palabras, ver donde pones los pies para evitar la torta. Aclaro, es más fácil ver si tu cuerpo está generando adrenalina, pero en caso de ser un estrés más mental y del tipo ansiedad por preocupación entonces se dificulta la visión. En este manual os cuento lo que ayuda para hackear el cerebro y activar la habilidad. Porque, aún y no estando cerca, he logrado que lo activen personas siguiendo mis truquitos y por ello me siento optimista.

Y sino, que este manual sirva de canal para compartiros la habilidad.

2.1. Activar la habilidad en grupos:

Por lo que he leído y mi propia experiencia puedo afirmar que en grupos reducidos (entre 2 y 7 personas aproximadamente) es más fácil intentar desarrollar esta habilidad que tú solo. Esto se debe a que hay una pequeña competitividad y motivación retroalimentada. Y si nuestra hipótesis anterior sobre la teoría del camino a la lattice es cierta, le daría también más sentido, ya que es más fácil construir un camino entre todos que por separado. En el caso de hacerlo de forma grupal lo más importante es que en todo momento se mantenga una actitud lúdica y en el caso de que alguna persona no lo esté logrando, mirar de relajarse y participar del juego olvidando que lo que buscas es activar la habilidad, es la clave. Un caso que me sucedió hace un tiempo, logré que 5 niñas de entre 11 y 15 activaran la visión extraocular mientras saltaban en la cama elástica. Se dedicaban a molestarse las unas a las otras, rodando de un lado a otro cuando les propuse intentar activarla. Fue la vez que más rápido lo he logrado. Al participar en forma grupal se logra que unos motiven a otros y la victoria de uno se vuelve a su vez la del grupo entero.

2.2. Activar la habilidad de forma individual:

Para lo que entiendo como individual es activarla entre dos personas, donde una tomará la función de guía y la otra desarrollará la habilidad.

Si eres una persona que quiere desarrollar la habilidad pero no tienes un gran grupo de amigos en quienes confiar o que estén interesados, por mucho que yo haya dicho que en grupo es mejor, asegurate de hacerlo con gente verdaderamente interesada y con la que tengas confianza, de no ser así, es mejor hacerlo individual.

Parte II

Al lío:

Capítulo 3

Cómo lo logro?

Primero de todo necesitareis un antifaz. También se pueden usar vendas y pañuelos pero no lo recomiendo en un principio ya que es bastante molesto. Lo importante es que no deje pasar la luz, que aguantes con ello puesto durante el tiempo que vayas a estar practicando. Si es tu primera vez, será más fácil si puedes mantener los ojos abiertos. Esto último no es imprescindible, pero es una herramienta más para "hackear" tu mente. Recordemos que aquí todo suma.

El antifaz debe asegurarte una oscuridad total aún cuando estés mirando el sol directamente. Esto es esencial ya que más adelante si no te has asegurado bien en un principio dudarás del antifaz. Si no sabes qué antifaz pillarte de internet, mi recomendación es que sea de espuma la parte que se adapta a tu cara, son mucho más cómodos y tapan mejor la luz. También puedes fabricarte uno con unas gafas de piscina viejas que ya no uses, el primero que tuve lo hice así. Buscas unas gafas, las pintas con pintura negra acrílica para plásticos, las rellenas de algodón para que no te moleste la humedad de los ojos y te aseguras de que no pase la luz. Si no confías en ti mismo puedes preguntarle a alguien ajeno para asegurarte de que no se ve nada. Si no quieres contarle el motivo de tu creación aún, siempre puedes inventar una excusa como que son para dormir o que estas haciendo un experimento para concienciar sobre la ceguera.

Hay requisitos que son opcionales y que le he visto una mejora y otros que simplemente son imprescindibles por lo

Los 3 antifaces que uso

que he podido ver. Por favor, tened en cuenta estos últimos, ya que sin ellos no he logrado casi nada.

3.1. Requisitos IMPRESCIN-DIBLES:

3.1.1. Espacio

Siempre en exterior y en zonas donde haya naturaleza, patios, jardines, el campo, el bosque... Estar cerca de la naturaleza simplemente lo activa mejor, es como que te echa una mano. En ciudades es mucho más difícil.

3.1.2. Momento del día

El mejor momento es sin duda al mediodía. Es la hora de más luz. No es 100 % necesario que sea mediodía pero si se debe poder ver el sol.

3.1.3. Luz

En su momento, antes de darme cuenta de lo importante que era el mediodía, miré de hacerlo con linternas iluminando un ambiente interior. Cuando yo desarrollé la habilidad, el ambiente no era precisamente el mejor a nivel de iluminación y en ese momento no caí en cuenta de su importancia peró más tarde me percaté de ello al practicar en zonas más iluminadas donde todo era más fácil.

Más adelante, una vez asentadas unas bases se puede probar de hacer a oscuras pero no es bueno en un inicio.

3.1.4. Exposición social

Ya sea en grupo o de forma individual, asegúrense que no los van a molestar. Si deciden ir a un jardín público, o tal vez un parque, que nadie vaya a hablar ni interrumpir. Obviamente es mejor un jardín privado donde hay intimidad y no debes preocuparte de los transeúntes que te miren con caras raras y se pregunten qué porras haces con un antifaz haciendo carotas en medio de la vía pública.

3.1.5. Actitud

Tiene que ser lúdica en todo momento, alegre y optimista. Ten siempre en cuenta que puede ser que no logres ver a la primera, así que en vez de frustrarte (me pasó y ralentizó el proceso) simplemente acéptalo. Cuando logres aceptar que puede ser que no lo logres, pasará tu bloqueo y las cosa fluirán solas.

Si tienes un mal día, ningún problema, todos lo tenemos de vez en cuando, pero en caso de ser así por favor no intentes llevar a práctica las indicaciones de a continuación porque en tales circunstancias lo más probable es que no te salga, te frustres y luego te cueste más. Me pasó en un principio y sé de lo que te hablo, solo lograrás que retrase tu aprendizaje.

3.2. Requisitos opcionales

No son tan importantes como los imprescindibles pero igualmente tenlos en cuenta.

3.2.1. Ropa blanca

Parece tontería pero llevar ropa blanca (considera que durante la actividad como es al aire libre se puede ensuciar, no vayas a ir tampoco de traje) me ha facilitado mucho la tarea en demostraciones públicas, donde me sentía insegura por la presión que llevaba a cuestas. Hace el efecto de pizarra en blanco y te distrae menos. Si no puedes ir 100 % de blanco asegúrate de que al menos la camiseta lo sea y que nada de lo que lleves tenga dibujos o logos (no estoy incluyendo las etiquetas de la ropa).

3.2.2. Muecas

Un pequeño truco que descubrí, si mientras lo intentas pones una sonrisa radiante es más fácil y verás mejor. Hay gente que le vé mejor sacando la lengua pero cada cual es diferente. Todos coincidimos en que poner muecas en un inicio facilita todo. No temas hacer el payaso y encuentra tu propia mueca.

3.2.3. Meditación

Por lo que he podido ver, la gente que medita tiene mucha más facilidad a la hora de desarrollar la visión. Esto más que nada es por el estado mental en el que se encuentran. Si eres una persona que sabe meditar y que es capaz de hacerlo, no iría mal meditar durante 10-15 minutos antes de empezar con la tarea.

Si no sueles hacerlo, no te ralles tampoco, no pasa nada porque hay otras formas aunque te puede costar un poco más.

3.2.4. Ir descalzo

Una vez activada la habilidad, ir descalzo puede ir bien, a mi personalmente me ayuda a conectar más con la naturaleza. Los zapatos con suelas de piel y sandalias siempre son mejores que los cerrados y de goma ya que te aíslan de la energía de polaridad negativa de la tierra que es la que va bien a los seres vivos y te dejan con una carga positiva perjudicial.

Capítulo 4

Primeros pasos

Si te digo que lo primero que debes hacer para trabajar con la visión extra-ocular es ver seguramente me vas a mandar a la mierda. He estado investigando lo suficiente acerca del tema para ver que, pese a los muchos métodos que hay, no hay ninguno que te conduzca directamente a la habilidad. No se si sería correcto llamar a lo mío un método propio ya que eso suena muy pomposo, y lo único que he hecho ha sido descubrir un pequeño hack mental.

4.1. Busca el sol

Para muchos niños, si les pones con el antifaz mirando hacia el sol, les pides que hagan carotas, que muevan la cabeza y que encuentren la luz, en pocos minutos ya tienen la veo activada sin necesidad de hacer nada más. En este punto será necesario pulir la habilidad, pero empezarán a ver la luz a través del antifaz.

En un principio lo usual es ver puntos, alrededor de la nariz y de los mofletes, pero cada persona lo manifiesta de formas muy diferentes. Conozco gente, sobretodo adultos que se les iluminó la cabeza por dentro, decían que era como si les entrara luz por todas partes aún y no lograr una imagen clara.

No solo con niños, este ejercicio de pararse a observar el sol con antifaz puesto también funciona con adultos. En un principio, antes de desarrollar el siguiente punto solo podía activar a la gente de esta forma y aún así lo activaban. Era un poco más lento y requería en ocasiones de un par de sesiones pero daba sus resultados correctamente, igual o más rápido de lo que se lograba desarrollar la habilidad con otros métodos y escuelas.

Quienes tenían un ejercicio similar eran los de la escuela Intuitu, donde recomendaban estar una hora si no recuerdo mal, con el antifaz puesto y mirando a la nada.

4.2. Para poder ver, necesitas necesitar ver

Donde nos ahorramos realmente el tiempo de aprender la visión extraocular, es en situaciones en las que realmente necesitemos ver por todos los medios y le logremos mandar una señal de ultimátum a nuestro cerebro de o te espabilas o vamos a morir. Obviamente no vamos a ponernos en situaciones de riesgo real en la que nos podamos lastimar seriamente.

El ejercicio que propongo es muy simple. Le das la mano a un amigo, te pones el antifaz y comienzas a correr guiado por tu amigo. El guía deberá asegurarse de que la persona no se la va a pegar, así que si haces esto en el exterior (como deberías estar haciendo), amigo por favor cuida las piedras y raíces que pueda haber en el camino.

El conejillo de indias, osea tu, vas a sentir miedo, inseguridad, y van a tener que arrastrarte. Corre lo más rápido que puedas, no te preocupes demasiado. Como más rápido logres correr, más grande será la alarma a tu mente y mayor tendrá que ser su respuesta.

Normalmente lo que hago es un desplazamiento de unos 40 metros de ida y vuelta hasta el lugar de inicio. A la vuelta es importante centrarse de nuevo en ver el sol. Se podrá ver una clara mejora, tanto si no podía ver en un principio indicios de luz (que es casi seguro que ahora si los va a empezar a ver) como si ya veía un poco de luz en un principio y entonces podrá empezar a ver imágenes y augmentar su campo visual.

En caso de seguir sin poder ver nada,

recomiendo repetir este ejercicio por un par de veces más, con pausas de mínimo un par de minutos y cinco minutos entremedio. Si aún así no vieras nada, probaría con ejercicios básicos de cartulina (explicados más adelante) o simplemente parar y regresar otro día a intentarlo.

Ciertamente hay otros ejercicios con los que en teoría también servirían para esta etapa pero por ejemplo, el ejercicio de pasarse pelotas de futbol o voleibol o por el estilo no está generando la situación de estrés necesaria donde tu mente rompe las barreras. Lo intenté en un principio pero me cansé enseguida, entre otras cosas porque en un principio cuando la gente está empezando la visión extraocular suelen tener el angulo de visión desviado unos 40 grados hacia la derecha. Eso significa que si tu les lanzas la pelota a la cara ellos ven como si les llegara la pelota en dirección su oreja derecha. Es muy divertido cuando les pides señalarte el sol y te lo sitúan 40 grados a la derecha de lo que realmente está.

4.3. Juega con tus manos

Los bebés claramente son las criaturas con una capacidad de aprendizaje más elevada. Son capaces de pasar de no saber nada a hablar un idioma desde cero en pocos meses y sin la ayuda de nadie. Probablemente parezca una tontería, pero un ejercicio que a mi me ha dado buenos resultados con mis conejillos de indias es hacerles jugar a descubrir la vista como lo hacen los bebés. Miran las cosas, a su alrededor, la gente, las caras, pero sobre todo miran sus propias manos.

Cuando logres ver puntos de luz, bravo, lograste el primer paso, la mayoría de adultos no llega aquí.

Ahora me veo obligada a contar una pequeña anécdota para que puedas comprender la naturaleza de estos puntos de luz.

La primera vez que logré verlos no activé la visión extraocular. Fue a última hora de la sesión de aquel día y a penas lograba verlos a ratos sin que parpadearan. Me gusta decir que los primeros puntos de luz son como los gatos. Si vas tras ellos desaparecen, debes dejar que con calma, sean ellos los que se acerquen a ti para poder jugar. Así que en un principio, no les prestes mucha atención.

Déjalos un par de segundos para que se afiancen y cojan confianza antes de intentar descubrir de dónde vienen. Verás que se mueven de un lado a otro hasta que no se empiezan a quedar quietos.

Una vez ya afianzados, el juego consiste en tapar tocando el antifaz exactamente por que lugar te entra la luz. Parece una tontería pero el simple hecho de estar jugando y explorando de esa forma te permite descubrir e investigar la habilidad como si fueras de nuevo un niño, y claramente los niños tienen más facilidad que los adultos en este tema.

Una vez logres encontrar los supuestos agujeros por los que ves la luz (no te preocupes si están cerca de la espuma, te garantizo que aún así es imposible que te entre la luz), es hora de alejar un poco más las manos y esta vez intentar ver el contorno de los dedos a contraluz.

Sigue jugando, no te preocupes por el tiempo, hasta que consigas hacerlo correctamente.

Si te encuentras con que cada vez ves menos luz, que es perfectamente normal y sobre todo en las primeras veces, regresa al paso anterior o déjalo para el próximo día.

Ahora mismo tu visión extraocular ya está activada y lo que falta es pulir tu habilidad para poder enfocar los detalles.

4.4. Cartulinas y cartas

Tengo una misión para ti. Ve a la papelería más próxima, comprate cartulinas de al menos 4 colores diferentes, imprime unas cartas Zener (puede ser en blanco y negro) e intenta cortarlas de forma que te queden muchas cartas de colorines y con figuras geométricas. Añádele de números cualquiera otra forma o figura o letra que se te ocurra que puedas ver de forma simple para practicar.

No hace falta que sean muy grandes,

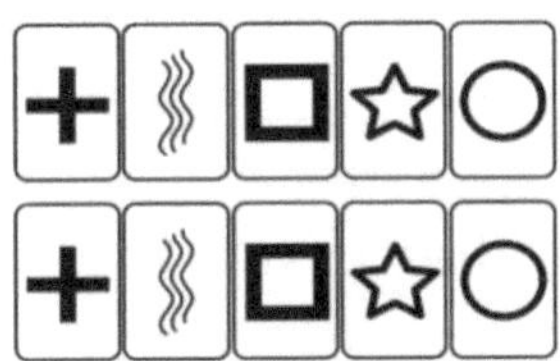

Cartas Zener

las mías son del tamaño de una baraja de cartas española y las llevo en una bolsa de plástico en el bolsillo. Para los colores, recomiendo empezar con azul, rojo, verde y amarillo mínimo y sobretodo asegurate que no se asemejan los unos a los otros y que es difícil confundirlos.

Mi baraja de cartas para activar

Separa primero las cartas de colores y las de figuras. Para empezar, es mejor no mezclar todo. Vamos paso a paso. Normalmente la gente empieza por los colores, pero aquí estoy yo para llevarles la contraria con todo. Si te encuentras en el caso que lo poco que ves lo ves en blanco y negro, o en colores negativos, no te preocupes. La primera vez que pude ver, era en blanco y negro y no atinaba ni una, así que en ese caso te recomiendo probar con las figuras primero.

Si has llegado a esta parte prácticamente puedes leer.

4.5. Leer

Felicidades, ya puedes ver. En este punto lo que te falta es mucho optimismo, repetir el paso dos de correr muchas veces (sin matarse por favor) en el caso que te cueste enfocar, recordemos siempre la sonrisa puesta y practicar una y otra vez hasta que te acostumbres (en verdad ni tanto, diez minutos al día hasta que lo logres, o más si quieres).

Empieza con títulos grandes con gran

contraste y ve reduciendo el tamaño. No te espantes si ves que la letra empieza a cambiar de tamaño, al principio cuando intentaba leer libros con letra pequeña me pasaba y los párrafos se hacían tan pequeños que no alcanzaba a verlos.

4.6. Activar solo con cartulinas

Es como yo lo activé pero es tedioso y muy frustrante, porque de normal en un principio cuesta mucho llegar a ver y vas diciendo lo que te parece de pura intuición, así que tienes la sensación de no progresar todo el rato por más que te acerques. Aparte, el instructor (que aquí sería el guía) tiene que estar todo el rato pendiente de lo que dice para evitar darte pistas o frustrarte.

Las cartulinas con las que se trabaja son más complicadas, tienen todas dibujos y son más complejas de ver en un principio. Si no hay manera de activar puedes probar este método, pero no lo recomiendo mucho.

Capítulo 5

A posteriori

Una vez acabada la sesión es normal que te duela la cabeza y te de jaqueca. La sensación a la que me refiero es similar a la que tienes después de haber salido de un examen difícil, de esos que te dejan las neuronas todas chamuscadas. No te preocupes, eso no será para siempre. Piensa que es similar a hacer deporte, no puedes correr un maratón el primer día. Debes dejar que se acostumbre. Las primeras veces no duraba más de 5 minutos con el antifaz antes que me empezara a doler la cabeza.

Cuando la habilidad ya está activada tardas solo segundos en activarla cada vez que quieras. Así que si te duele la cabeza, no tengas miedo de descansar tu cabeza mirando la luz normal sin el antifaz unos minutos antes de continuar con la práctica.

Practica a diario, sobretodo al principio es importante para que tu cuerpo se acostumbre una vez la hayas activado. Debes ser consciente que ha habido gente que por no usarla la ha perdido. Una vez yo la activé, estuve a diario practicando, aunque no muchos minutos ni de una forma tan estructurada, por miedo a no perderlo. Ahora miso pueden pasar un par de semanas si se me olvida pero como lo tengo asimilado solo me hace falta refrescarlo. Eso si, he perdido un poco de la energía o estado físico (en versión mental) y me canso más a menudo.

Como es una habilidad psíquica que prescinde de lo material te recomiendo que pruebes de hacer ejercicios tanto como puede ser leer matriculas de coches para entrenar el ver a mayor distancia, como probar de ver a través de otros materiales como cartón, papel, madera, paredes...etc. No va a ser fácil en un principio pero ya verás como lo puedes lograr. Por favor, se responsable y no uses la habilidad para ver bragas.

Yo me estoy especializando en ver a través de la piel el interior del cuerpo humano para poder ver lesiones, similar a hacer radiografías.

5.1. Como contarles a la gente de tu alrededor

Como me importa poco lo que la gente piense de mi y quería poder mostrarlo al mundo me dediqué a enseñarlo directamente a la gente. Si haces lo mismo, te animo a hacerlo, debes tener cuidado al principio. Pasé por una mala experiencia y tuve que hacer una demostración apostándome repetir todo un curso escolar delante de un tribunal así que te puedo dar un par de consejos.

Primero de todo, son normales los nervios pero el miedo a que te salga mal, a diferencia del miedo a correr, no te va ayudar. Eso es porque no promuevo los instintos necesarios de la misma forma. Dicho de otra forma, el miedo ayuda a que veas mejor con la adrenalina, pero la ansiedad y el estrés hacen el contrario si se descontrolan. Unos nervios sanos te ayudan a mantener la atención e incluso ayudan siempre que no lleguen a niveles como los de la ansiedad y el estrés.

Plantea el asunto con quien más confianza tengas en un principio. Me ayudó mucho que algunos amigos supieran de la habilidad, porque una vez empiezas a mostrarlo te va a venir un montón de gente diciendote que estas haciendo trampa, que seguro que tiene truco, hasta me han llegado a decir que el antifaz tenía un botón secreto que cuando lo apretabas se veía. Ellos me defendieron y me apoyaron a la hora de mostrar al mundo la habilidad en el instituto.

No se lo muestres a mucha gente de golpe las primeras veces. Una vez intenté enseñarle como lo hacía a un familiar incrédulo y quedé bastante en ridículo porque no me salió bien. Por eso es mejor asegurarse que si pasa algo y va mal, esas personas no se van a reír de ti o a tratarte mal.

Si inclinas ligeramente la cabeza cuando usas la habilidad hay gente que te va a decir que estás haciendo trampa y mirando de lado. Una forma de excusarse si no puedes corregirlo es decir, esto es como los médiums de las pelis que hacen movimientos raros con la cabeza. He conocido médicos y desde luego que no hacen eso, al menos por lo que tengo conocido, pero la gente no tiene porque saberlo.

Si simplemente no quieres dar muchas explicaciones di simplemente que es magia o déjales que crean que es un truco si no te importa mucho (como por ejemplo cuando lo hago como truco de magia o me pilla haciéndolo gente con la que no tengo confianza o a quienes no quiero compartir).

5.2. Consecuencias

Los estudios de Grinberg en la escuela de Cuernavaca donde enseñaban a los niños a ver con los ojos vendados se tuvieron que cerrar debido a quejas por parte de padres de niños que desarrollaron otras habilidades como más practicaban la visión extraocular. Estas eran la telekinesis, telepatía y hasta materialización de pensamientos a lo bestia. Los niños perdieron el control de sus habilidades y sabían cuando sus padres les mentían al respeto.

Cuando hayas desarrollado la habilidad se consciente de que eso puede pasarte a ti también. Como más actives tus poderes, más habilidades podrás aprender. En mi caso yo tengo presentimientos y se cuando una cosa está a punto de pasar o minutos antes. Es una habilidad que ya tenía pero recientemente se ha fortalecido mucho. También he logrado curarme en minutos mediante la meditación. A veces si me distraigo y he estado usando la habilidad con frecuencia veo el cráneo de la gente que pasa por mi lado. Da un poco de miedo pero te acostumbras. También puedo ver los huesos de la muñeca y de las manos.

5.3. Implicaciones

La principal implicación para mi es la siguiente: dónde está el límite. Si podemos ver a través del material, ¿que nos impide volar, leer la mente, respirar bajo el agua o teletransportarnos de un lugar a otro? Aún tenemos un montón de cosas nuevas que descubrir y no lo haremos si nos quedamos quietos sin movernos. Invito a todos a explorar los límites, a volvernos fuertes y a derrotar al mal. Usemos esto para el bien.

Como dice la frase, un gran poder conlleva una gran responsabilidad.

Capítulo 6

Epílogo

Estimado lector, gracias por comprar este pequeño manual fruto de mi pequeña investigación. Te animo a que lo compartas con quien sientas que le pueda interesar el tema y me ayudes así a difundirlo. Si tienes alguna duda o si quieres compartir tu experiencia puedes mandarme un mensaje a la dirección de correo de brunavisionextraocular@gmail.com.

Referente a los otros métodos, si estais interesados en recibir su formación (que tiene todo un trabajo de la psique muy bueno y que yo en mi manual paso al 100 % por alto por querer ir al grano) podeis encontrar información en sus respectivas páginas web.

https://www.escreix.cat/es/metodo-ve ->con el método de Noé Esperón.

https://es.veovisionextraocular.com/ ->con su propio método de la escuela intuitu.

Hasta aquí llego, y me despido, gracias de nuevo por la gente que me ha acompañado en este viaje.